My first
All in One
English - हिन्दी

T0340729

THIS BOOK BELONGS TO

Wonder House

Contents अनुक्रम

ENGLISH ALPHABET/ अंग्रेज़ी वर्णमाला

A a

apple (सेब)

B b

ball (गेंद)

C c

cat (बिल्ली)

D d

dog (कुत्ता)

E e

egg (अंडा)

F f

fish (मछली)

G g

giraffe (जिराफ)

H h

hat (टोपी)

I i

ice (बर्फ़)

J j

jar (मर्तबान)

K k

key (चाबी)

L l

lion (शेर)

M m

mango (आम)

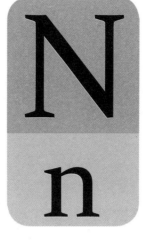

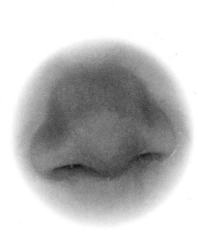

N n

nose (नाक)

O o

orange (संतरा)

P p

pan (पैन)

Q q

quilt (रजाई)

R r

rat (चूहा)

S s

sun (सूरज)

T t

tiger (बाघ)

U u

umbrella (छाता)

V v

van (वैन)

W w

watch (घड़ी)

X x

xylophone (काष्ठ तरंग)

Y y

yak (याक)

Z z

zebra (ज़ेब्रा)

HINDI ALPHABET/ हिन्दी वर्णमाला

अ

अनार (Pomegranate)

आ

आम (Mango)

इ

इमली (Tamarind)

ई

ईख (Sugarcane)

उ

उल्लू (Owl)

ऊ

ऊन (Wool)

ऋ

ऋषि (Sage)

ए
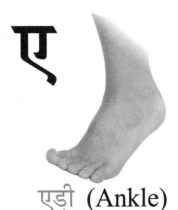
एड़ी (Ankle)

ऐ
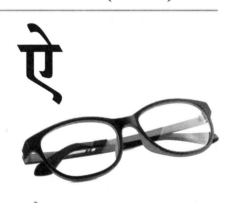
ऐनक (Spectacles)

ओ

ओखली (Mortar)

औ

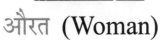
औरत (Woman)

अं

अंगूर (Grapes)

अः

क

कबूतर (Pigeon)

ख

खरगोश (Rabbit)

ग

गमला (Flower Pot)

घ

घड़ी (Clock)

ङ

च

चम्मच (Spoon)

छ

छतरी (Umbrella)

ज

जग (Jug)

झ

झंडा (Flag)

ञ

ट

टमाटर (Tomato)

ठ

ठंडा (Cold)

ड

डमरू (Drum)

ड़

पेड़ (Tree)

ढ ढक्कन (Lid)	ढ़ ओढ़नी (Stole)	ण फण (Hood)
त तरबूज (Watermelon)	थ थरमस (Thermos)	द दवात (Inkpot)
ध धनुष (Bow)	न नल (Tap)	प पतंग (Kite)
फ फल (Fruit)	ब बत्तख (Duck)	भ भालू (Bear)

म 	य 	र 
मछली (Fish)	योग (Yoga)	रस्सी (Rope)
ल 	व 	श 
लट्टू (Top)	वक (Crane)	शलजम (Turnip)
ष 	स 	ह 
षट्कोण (Hexagon)	सपेरा (Snake charmer)	हाथी (Elephant)
क्ष 	त्र 	ज्ञ 
क्षत्रिय (Warrior)	त्रिशूल (Trident)	ज्ञानी (Wise man)

BARAHKHARI/बारहखड़ी

स्वर अ a आ aa, a इ i ई ee,i उ u ऊ oo, u ए e ऐ ai ओ o औ au अं an अः ah

ंजन क् k ख् Kh ग् g घ् gh ङ् ng च् ch छ् chh ज् J झ् Jh ञ yn

ट् k ठ् k ड् k ढ् dh ण् n त् t थ् th द् d ध् dh न् n

प् p फ् ph, f ब् b भ् bh म् m य् y र् r ल् l व् v, w श् sh

ष् sh स् s ह् h क्ष् ksh त्र् tr ज्ञ् gy

ऊपर स्वर और व्यंजनों को अलग-अलग दिया गया है। उनको मिलाने से बारहखड़ी बनती है। अर्थात् एक व्यंजन अलग-अलग स्वरों से मिलकर 12 तरह से उच्चरित होता है।

विशेष टिप्पणी:- यद्यपि उपर्युक्त दिया गया व्यंजनों का स्वरूप उचित है, तथापि K, Kh, G... को क् ख्, ग्... के साथ ही आवश्यकतानुसार क, ख, ग... के रूप में भी लिखा और पढ़ा जाता है। नीचे बारह खड़ी में यही रूप अपनाया गया है।

क् K	का Ka	कि Ki	की Kee	कु Ku	कू Koo	के Ke	कै Kai	को Ko	कौ Kau	कं Kan	कः Kah
ख् Kh	खा Kha	खि Khi	खी Khee	खु Khu	खू Khoo	खे Khe	खै Khai	खो Kho	खौ Khau	खं Khan	खः Khah
ग् G	गा Ga	गि Gi	गी Gee	गु Gu	गू Goo	गे Ge	गै Gai	गो Go	गौ Gau	गं Gan	गः Gah
घ् Gh	घा Gha	घि Ghi	घी Ghee	घु Ghu	घू Ghoo	घे Ghe	घै Ghai	घो Gho	घौ Ghau	घं Ghan	घः Ghah
च् Ch	चा Cha	चि Chi	ची Chee	चु Chu	चू Choo	चे Che	चै Chai	चो Cho	चौ Chau	चं Chan	चः Chah
छ् Chh	छा Chha	छि Chhi	छी Chhee	छु Chhu	छू Chhoo	छे Chhe	छै Chhai	छो Chho	छौ Chhau	छं Chhan	छः Chhah
ज् J	जा Ja	जि Ji	जी Jee	जु Ju	जू Joo	जे Je	जै Jai	जो Jo	जौ Jau	जं Jan	जः Jah
झ् Jh	झा Jha	झि Jhi	झी Jhee	झु Jhu	झू Jhoo	झे Jhe	झै Jhai	झो Jho	झौ Jhau	झं Jhan	झः Jhah
ट् T	टा Ta	टि Ti	टी Tee	टु Tu	टू Too	टे Te	टै Tai	टो To	टौ Tau	टं Tan	टः Tah
ठ् Th	ठा Tha	ठि Thi	ठी Thee	ठु Thu	ठू Thoo	ठे The	ठै Thai	ठो Tho	ठौ Thau	ठं Than	ठः Thah
ड् D	डा Da	डि Di	डी Dee	डु Du	डू Doo	डे De	डै Dai	डो Do	डौ Dau	डं Dan	डः Dah
ढ् Dh	ढ् Dha	ढि Dhi	ढी Dhee	ढु Dhu	ढू Dhoo	ढे Dhe	ढै Dhai	ढो Dho	ढौ Dhau	ढं Dhan	ढः Dhah
त् T	ता Ta	ति Ti	ती Tee	तु Tu	तू Too	ते Te	तै Tai	तो To	तौ Tau	तं Tan	तः Tah
थ् Th	था Tha	थि Thi	थी Thee	थु Thu	थू Thoo	थे The	थै Thai	थो Tho	थौ Thau	थं Than	थः Thah
द् D	दा Da	दि Di	दी Dee	दु Du	दू Doo	दे De	दै Dai	दो Do	दौ Dau	दं Dan	दः Dah
ध् Dh	धा Dha	धि Dhi	धी Dhee	धु Dhu	धू Dhoo	धे Dhe	धै Dhai	धो Dho	धौ Dhau	धं Dhan	धः Dhah
न् DN	ना Na	नि Ni	नी Nee	नु NU	नू NOO	ने Ne	नै Nai	नो No	नौ Nau	नं Nan	नः Nah
प् P	पा Pa	पि Pi	पी Pee	पु Pu	पू Poo	पे Pe	पै Pai	पो Po	पौ Pau	पं Pan	पः Pah
फ् Ph	फा Pha	फि Phi	फी Phee	फु Phu	फू Phoo	फे Phe	फै Phai	फो Pho	फौ Phau	फं Phan	फः Phah
ब् B	बा Ba	बि Bi	बी Bee	बु Bu	बू Boo	बे Be	बै Bai	बो Bo	बौ Bau	बं Ban	बः Bhah
भ् Bh	भा Bha	भि Bhi	भी Bhee	भु Bhu	भू Bhoo	भे Bhe	भै Bhai	भो Bho	भौ Bhau	भं Bhan	भः Bhah
म् M	मा Ma	मि Mi	मी Mee	मु Mu	मू Moo	मे Me	मै Mai	मो Mo	मौ Mau	मं Man	मः Mah
य् Y	या Ya	यि Yi	यी Yee	यु Yu	यू Yoo	ये Ye	यै Yai	यो Yo	यौ Yau	यं Yan	यः Yah
र् R	रा Ra	रि Ri	री Ree	रु Ru	रू Roo	रे Re	रै Rai	रो Ro	रौ Rau	रं Ran	रः Rah
ल् L	ला La	लि Li	ली Lee	लु Lu	लू Loo	ले Le	लै Lai	लो Lo	लौ Lau	लं Lan	लः Lah
व् V	वा Vah	वि Vai	वी Vee	वु Vu	वू Voo	वे Ve	वै Vai	वो Vo	वौ Vau	वं Van	वः Vah
श् Sh	शा Sha	शि Shi	शी Shee	शु Shu	शू Shoo	शे She	शै Shai	शो Sho	शौ Shau	शं Shan	शः Shah
ष् Sh	षा Sha	षि Shi	षी Shee	षु Shu	षू Shoo	षे She	षै Shai	षो Sho	षौ Shau	षं Shan	षः Shah
स् S	सा Sa	सि Si	सी See	सु Su	सू Soo	से Se	सै Sai	सो So	सौ Sau	सं San	सः Sah
ह् H	हा Ha	हि Hi	ही Hee	हु Hu	हू Hoo	हे He	है Hai	हो Ho	हौ Hau	हं Han	हः Hah
क्ष् Ksh	क्षा Ksha	क्षा KShi	क्षी KShee	क्षु KShu	क्षू Kshoo	क्षे Kshe	क्षै Kshai	क्षो Ksho	क्षौ Kshau	क्षं Kshan	क्षः Kshah
त्र् Tr	त्रा Tra	त्रा Tri	त्री Tree	त्रु Tru	त्रू Troo	त्रे Tre	त्रै Trai	त्रो Tro	त्रौ Trau	त्रं Tran	त्रः Trah
ज्ञ् Gy	ज्ञा Gya	ज्ञि Gyi	ज्ञी Gyee	ज्ञु Gyu	ज्ञू Gyoo	ज्ञे Gye	ज्ञै Gyai	ज्ञो Gyo	ज्ञौ Gyau	ज्ञं Gyan	ज्ञः Gyah

NUMBERS 1-10/ संख्याएं 1 से 10

1 ONE
(एक)

2 TWO
(दो)

3 THREE
(तीन)

4 FOUR
(चार)

5 FIVE
(पाँच)

6 SIX
(छ:)

7 SEVEN
(सात)

8 EIGHT
(आठ)

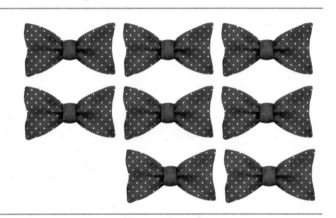

9 NINE
(नौ)

10 TEN
(दस)

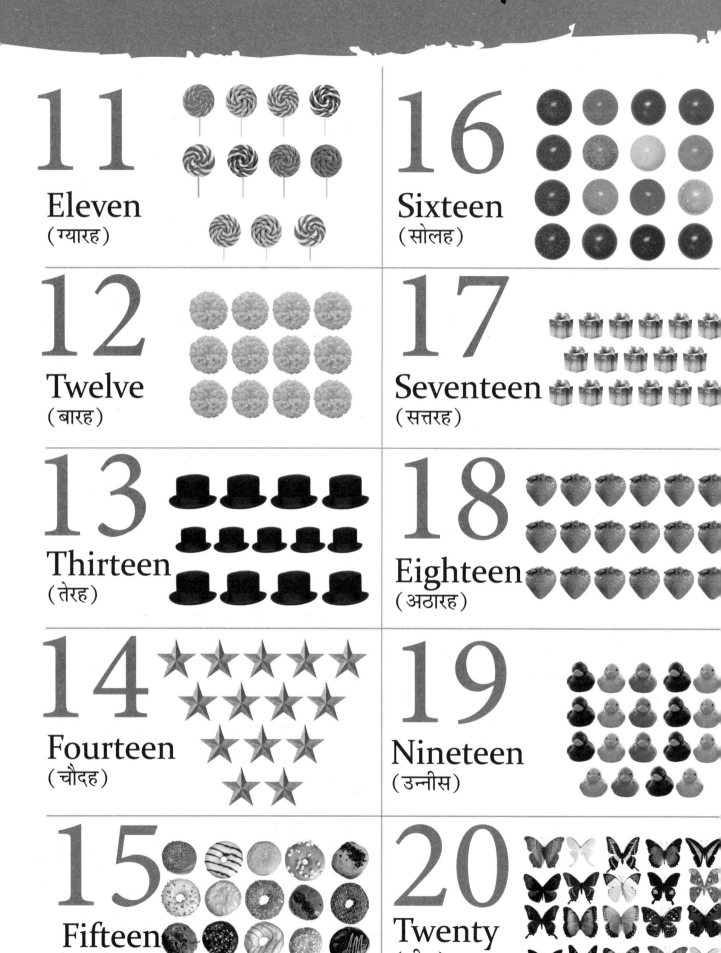

NUMBERS 11-20/संख्याएं 11 से 20

11
Eleven
(ग्यारह)

12
Twelve
(बारह)

13
Thirteen
(तेरह)

14
Fourteen
(चौदह)

15
Fifteen
(पद्रंह)

16
Sixteen
(सोलह)

17
Seventeen
(सत्तरह)

18
Eighteen
(अठारह)

19
Nineteen
(उन्नीस)

20
Twenty
(बीस)

NUMBERS 1-100/संख्याएं 1 से 100

1	One	१	एक
2	Two	२	दो
3	Three	३	तीन
4	Four	४	चार
5	Five	५	पांच
6	Six	६	छः
7	Seven	७	सात
8	Eight	८	आठ
9	Nine	९	नौ
10	Ten	१०	दस
11	Eleven	११	ग्यारह
12	Twelve	१२	बारह
13	Thirteen	१३	तेरह
14	Fourteen	१४	चौदह
15	Fifteen	१५	पंद्रह
16	Sixteen	१६	सोलह
17	Seventeen	१७	सत्रह
18	Eighteen	१८	अठारह
19	Nineteen	१९	उन्नीस
20	Twenty	२०	बीस
21	Twenty One	२१	इक्कीस
22	Twenty Two	२२	बाईस
23	Twenty Three	२३	तेईस
24	Twenty Four	२४	चौबीस
25	Twenty Five	२५	पच्चीस
26	Twenty Six	२६	छब्बीस
27	Twenty Seven	२७	सत्ताईस
28	Twenty Eight	२८	अठाईस
29	Twenty Nine	२९	उनतीस
30	Thirty	३०	तीस
31	Thirty One	३१	इक्तीस
32	Thirty Two	३२	बत्तीस
33	Thirty Three	३३	तैंतीस
34	Thirty Four	३४	चौंतीस
35	Thirty Five	३५	पैंतीस
36	Thirty Six	३६	छत्तीस
37	Thirty Seven	३७	सैंतीस
38	Thirty Eight	३८	अड़तीस
39	Thirty Nine	३९	उनतालीस
40	Forty	४०	चालीस
41	Forty One	४१	इकतालीस
42	Forty Two	४२	बयालीस
43	Forty Three	४३	तैंतालीस
44	Forty Four	४४	चवालीस
45	Forty Five	४५	पैंतालीस
46	Forty Six	४६	छियालीस
47	Forty Seven	४७	सैंतालीस
48	Forty Eight	४८	अड़तालीस
49	Forty Nine	४९	उनचास
50	Fifty	५०	पचास
51	Fifty One	५१	इक्यावन
52	Fifty Two	५२	बावन
53	Fifty Three	५३	तिरेपन
54	Fifty Four	५४	चौवन
55	Fifty Five	५५	पचपन
56	Fifty Six	५६	छप्पन
57	Fifty Seven	५७	सत्तावन
58	Fifty Eight	५८	अट्ठावन
59	Fifty Nine	५९	उनसठ
60	Sixty	६०	साठ
61	Sixty One	६१	इकसठ
62	Sixty Two	६२	बासठ
63	Sixty Three	६३	तिरेसठ
64	Sixty Four	६४	चौंसठ
65	Sixty Five	६५	पैंसठ
66	Sixty Six	६६	छियासठ
67	Sixty Seven	६७	सड़सठ
68	Sixty Eight	६८	अड़सठ
69	Sixty Nine	६९	उनहत्तर
70	Seventy	७०	सत्तर
71	Seventy One	७१	इकहत्तर
72	Seventy Two	७२	बहत्तर
73	Seventy Three	७३	तिहत्तर
74	Seventy Four	७४	चौहत्तर
75	Seventy Five	७५	पचहत्तर
76	Seventy Six	७६	छिहत्तर
77	Seventy Seven	७७	सतहत्तर
78	Seventy Eight	७८	अठहत्तर
79	Seventy Nine	७९	उन्यासी
80	Eighty	८०	अस्सी
81	Eighty One	८१	इक्यासी
82	Eighty Two	८२	बयासी
83	Eighty Three	८३	तेरासी
84	Eighty Four	८४	चौरासी
85	Eighty Five	८५	पिचासी
86	Eighty Six	८६	छियासी
87	Eighty Seven	८७	सत्तासी
88	Eighty Eight	८८	अट्ठासी
89	Eighty Nine	८९	नवासी
90	Ninety	९०	नब्बे
91	Ninety One	९१	इक्यानबे
92	Ninety Two	९२	बानबे
93	Ninety Three	९३	तिरानबे
94	Ninety Four	९४	चौरानबे
95	Ninety Five	९५	पिचानबे
96	Ninety Six	९६	छियानबे
97	Ninety Seven	९७	सत्तानबे
98	Ninety Eight	९८	अट्ठानबे
99	Ninety Nine	९९	निन्यानबे
100	Hundred	१००	सौ

SHAPES/ आकार

Circle (गोला)

Oval (अंडाकृती)

Square (वर्ग)

Rectangle (आयत)

Triangle (त्रिभुज)

Star (तारा)

Cone (शंकु)

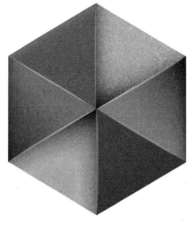

Hexagon (षट्कोण)

Crescent (अर्द्धचंद्र)

COLORS/ रंग

Red (लाल)

Blue (नीला)

Yellow (पीला)

Green (हरा)

Orange (नारंगी)

Purple (बैंगनी)

White (सफेद)

Black (काला)

Gray (धूसर)

Pink (गुलाबी)

Brown (भूरा)

Golden (सुनहरा)

FRUITS/ फल

Apple (सेब)

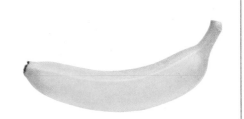

Banana (केला)

Grapes (अंगूर)

Guava (अमरूद)

Mango (आम)

Orange (संतरा)

Papaya (पपीता)

Peach (आड़ू)

Pear (नाशपाती)

Pineapple (अनानास)

Pomegranate (अनार)

Watermelon (तरबूज)

VEGETABLES/सब्जियां

Potato (आलू)

Bitter Gourd (करेला)

Brinjal (बैंगन)

Carrot (गाजर)

Bottle Gourd (लौकी)

Okra (भिंडी)

Radish (मूली)

Pumpkin (कद्दू)

Cauliflower (फूलगोभी)

Cabbage (पत्तागोभी)

Beetroot (चुकंदर)

Peas (मटर)

PETS AND FARM ANIMALS/ पालतू जानवर

Dog (कुत्ता)

Cat (बिल्ली)

Parrot (तोता)

Pig (सूअर)

Honey Bee (मधुमक्खी)

Fish (मछली)

Cow (गाय)

Bull (बैल)

Horse (घोड़ा)

Rooster (मुर्गा)

Camel (ऊँट)

Sheep (भेड़)

Goat (बकरी)

Turkey (पीरू)

Llama (लामा)

Donkey (गधा)

Emu (एमू)

Duck (बत्तख)

Buffalo (भैंस)

Mouse (चूहा)

Rabbit (खरगोश)

Yak (याक)

Hen (मुर्गी)

Pigeon (कबूतर)

WILD ANIMALS/ जंगली जानवर

Tiger (बाघ)

Lion (शेर)

Fox (लोमड़ी)

Wolf (भेड़िया)

Zebra (ज़ेब्रा)

Giraffe (जिराफ)

Monkey (बंदर)

Kangaroo (कंगारू)

Deer (हिरन)

Bear (भालू)

Polar Bear (ध्रुवीय भालू)

Elephant (हाथी)

Gorilla
(गोरिल्ला)

Hippopotamus
(दरियाई घोड़ा)

Koala
(कोआला)

Panda (पांडा)

Porcupine (साही)

Rhinoceros (गैंडा)

Bison (जंगली भैंसा)

Cheetah (चीता)

Jackal (सियार)

Mongoose (नेवला)

Reindeer (बारहसिंगा)

Squirrel (गिलहरी)

BIRDS/पक्षी

Swan (हंस)

Duck (बत्तख)

Crow (कौआ)

Sparrow (गौरैया)

Parrot (तोता)

Owl (उल्लू)

Vulture (गिद्ध)

Eagle (बाज)

Robin (रॉबिन)

Crane (वक)

Kingfisher (किंगफिशर)

Peacock (मोर)

INSECTS & MINI BEASTS/कीट-पतंगे

Cockroach (तिलचट्टा)

Housefly (मक्खी)

Ant (चींटी)

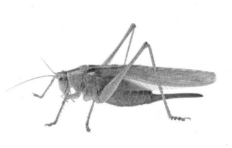
Grasshopper (टिड्डा)

Dragonfly (व्याध पतंग)

Butterfly (तितली)

Beetle (भृंग)

Mosquito (मच्छर)

Firefly (जुगनू)

Scorpion (बिच्छू)

Spider (मकड़ी)

Snail (घोंघा)

REPTiLES & AMPHiBiANS/सरीसृप और उभयचर जं

Frog **(मेंढ़क)**

Salamander **(सैलामैंडर)**

Snake **(सांप)**

Iguana **(गोधा)**

Alligator **(घड़ियाल)**

Chameleon **(गिरगिट**

Lizard
(छिपकली)

Komodo Dragon
(कोमोडो ड्रैगन)

Tortoise
(कछुआ)

Toad **(टोड)**

Crocodile **(मगरमच्छ)**

Python **(अजगर)**

SEA CREATURE/ समुद्री जीव

Pilot Whale (पायलट व्हेल)

Shark (शार्क)

Octopus (ऑक्टोपस)

Crab (केकड़ा)

Electric eel (बाम मछली)

Squid (समुद्रफेनी)

Walrus (वालरस)

Jellyfish (जैली फ़िश)

Seahorse (समुद्री घोड़ा)

Starfish तारामीन

Lobster झींगा

Dolphin डॉल्फिन

OPPOSITES/ विपरीत

Open (खुला) Closed (बंद)

Slow (धीरे) Fast (तेज़)

Hard (कठोर) Soft (नरम)

Front (सामने) Back (पीछे)

Empty (खाली) Full (भरा)

Inside (अंदर) Outside (बाहर)

Old (पुराना)　　New (नया)　　Big (बड़ा)　　Small (छोटा)

Happy (खुश)　　Sad (दुखी)　　Hot (गरम)　　Cold (ठंडा)

Few (थोड़ा)　　Many (ज्यादा)　　Clean (साफ)　　Dirty (गंदा)

VEHICLES/वाहन

Rocket
(रॉकेट)

Airplane
(हवाई जहाज)

Hot-air balloon
(गरम हवा का गुब्बारा)

Helicopter (हैलीकॉप्टर)

Tram (ट्राम)

Boat (नाव)

Horse Carriage
(घोड़ा गाड़ी)

Ship
(जहाज)

Tanker
(टैंकर)

Submarine
(पनडुब्बी)

Pram
(प्राम)

Bullock Cart
(बैल गाड़ी)

Bicycle
(साइकिल)

Scooter
(स्कूटर)

Motorcycle
(मोटर साइकिल)

Car (कार)

Auto rickshaw
(ऑटो रिक्शा)

Ambulance
(रोगी वाहन)

Van (वैन)

Tractor (ट्रैक्टर)

Bus (बस)

Fire Engine (दमकल)

Truck (ट्रक)

Train (रेलगाड़ी)

PROFESSIONS / व्यवसाय

Doctor (डॉक्टर)

Nurse (नर्स)

Teacher (अध्यापक)

Farmer (किसान)

Police Officer
(पुलिस अधिकारी)

Soldier (सैनिक)

Scientist (वैज्ञानिक)

Artist (चित्रकार)

Architect (वास्तुकार)

Pilot
(विमान चालक)

Fireman
(अग्निशामक कर्मचारी)

Musician
(संगीतकार)

Baker (बेकर)

Carpenter (बढ़ई)

Chef (बावर्ची)

Florist (माली)

Hairdresser (नाई)

Mechanic (मैकेनिक)

Photographer
(फोटोग्राफर)

Plumber
(नलसाज़)

Delivery Person
(डाकिया)

Lawyer
(वकील)

Astronaut
(अंतरिक्ष यात्री)

Detective
(जासूस)

FLOWERS/ फूल

Lotus (कमल)

Jasmine (चमेली)

Daffodil (नरगिस)

Dahlia (डालिया)

Daisy (गुलबहार)

Hibiscus (गुड़हल)

Tulip (ट्यूलिप)

Rose (गुलाब)

Orchid (आर्किड)

Lily (कुमुदिनी)

Marigold (गेंदा)

Sunflower (सूर्यमुखी)

ACTIONS/क्रियाएं

Eating (खाना)

Smelling (सूँघना)

Hearing (सुनना)

Seeing (देखना)

Laughing (हँसना)

Crying (रोना)

Dancing (नाचना)

Playing (खेलना)

Reading (पढ़ना)

Writing (लिखना)

Sitting (बैठना)

Sleeping (सोना)

SOURCES OF WATER/पानी के स्रोत

Water tap (पानी का नल)

Hand Pump (हैंड पंप)

Well (कुआं)

Rain (वर्षा)

Lake (झील)

Pond (तालाब)

River (नदी)

Sea (समुद्र)

STATIONERY/लेखन सामग्री

Blackboard (श्यामपट) Chalk (खड़िया) Duster (डस्टर)

Notebook (कॉपी) Pencil (पेंसिल) Eraser (रबड़)

Crayon (मोमी रंग) Brush (ब्रश) Pen (पेन)

Ruler (पैमाना) Books (किताबें) Glue (गोंद)

FOOD & BEVERAGES/खाद्य और पेय पदार्थ

Chapati (रोटी)

Pulse (दाल)

Rice (चावल)

Dried Fruit (सूखे मेवे)

Bread (डबलरोटी)

Butter (मक्खन)

Egg (अंडा)

Jam (जैम)

Ice-Cream (आइसक्रीम)

Milk (दूध)

Juice (जूस)

Cake (केक)

TOYS/ खिलौने

Blocks
(ब्लॉक)

Dinosaur
(डायनोसोर)

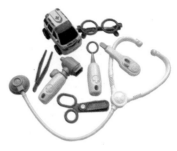

Doctor's Kit
(डॉक्टर्स सैट)

Dollhouse
(गुड़िया का घर)

Marble
(कंचे)

Tricycle
(तिपहिया साइकिल)

Rattle (झुनझुना)

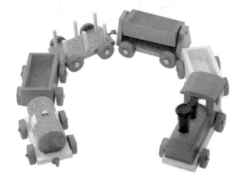

Train Set (ट्रेन सैट)

Top (लट्टू)

Toy Car
(कार)

Skipping Rope
(कूदने की रस्सी)

Teddy Bear
(टेडी बियर)

OUR NATIONAL SYMBOLS/ हमारे राष्ट्रीय प्रतीक

National Emblem-Ashok Chakra
राष्ट्रीय प्रतीक-अशोक चक्र

National Flag-Tricolor
राष्ट्रीय ध्वज-तिरंगा

National Flower-Lotus
राष्ट्रीय पुष्प-कमल

National Animal-Tiger
राष्ट्रीय पशु-बाघ

National Tree-Banyan
राष्ट्रीय वृक्ष-बरगद

National Bird-Peacock
राष्ट्रीय पक्षी-मोर

National Fruit-Mango
राष्ट्रीय फल-आम

National Aquatic animal-Dolphin
राष्ट्रीय जलीय जानवर-डॉल्फिन

National Currency-Rup
राष्ट्रीय मुद्रा-रुपया

HISTORICAL PLACES OF INDIA
भारत के ऐतिहासिक स्थल

Taj Mahal (Agra)

ताजमहल (आगरा)

Red Fort (Delhi)

लाल किला (दिल्ली)

Sun Temple (Konark)

सूर्य मंदिर (कोणार्क)

Qutub Minar (New Delhi)

कुतुब मीनार (नई दिल्ली)

Hawa Mahal (Jaipur)

हवा महल (जयपुर)

Humayun's Tomb (New Delhi)

हुमायूं का मकबरा (नई दिल्ली)

Shore Temple (Mahabalipuram)

तट मंदिर (महाबलीपुरम)

Gateway of India (Mumbai)

गेटवे ऑफ इंडिया (मुंबई)

Sanchi Stupa (Sanchi)

सांची स्तूप (सांची)

Victoria Memorial (Kolkata)

विक्टोरिया मेमोरियल (कोलकाता)

Jantar Mantar (New Delhi)

जंतर-मंतर (नई दिल्ली)

Ajanta Caves (Maharashtra)

अजंता गुफाएं (महाराष्ट्र)

PLACES OF WORSHIP/ पूजा के स्थल

Temple (मंदिर)

Gurudwara (गुरुद्वारा)

Mosque (मस्जिद)

Church (गिरिजाघर)

Fire Temple (पारसियों का मंदिर)

Buddhist Temple (बौद्ध मंदिर)

Jain Temple (जैन मंदिर)

Lotus Temple (बहाई मंदिर)

TIME, CALENDAR AND SEASONS
समय, कैलेंडर और ऋतुएं

TIME समय

60 SECONDS 60 सेकंड़	1 MINUTE 1 मिनट	4 WEEKS 4 सप्ताह	1 MONTH 1 महीना
60 MINUTES 60 मिनट	1 HOUR 1 घंटा	12 MONTHS 12 महीने	1 YEAR 1 वर्ष
24 HOURS 24 घंटे	1 DAY 1 दिन	365 DAYS 365 दिन	1 YEAR 1 वर्ष
7 DAYS 7 दिन	1 WEEK 1 सप्ताह	52 WEEKS 52 सप्ताह	1 YEAR 1 वर्ष

DAY OF THE WEEK
सप्ताह के दिन

1.	SUNDAY	रविवार
2.	MONDAY	सोमवार
3.	TUESDAY	मंगलवार
4.	WEDNESDAY	बुधवार
5.	THURSDAY	बृहस्पतिवार
6.	FRIDAY	शुक्रवार
7.	SATURDAY	शनिवार

MONTHS & DAYS महीने और दिन

JANUARY-	जनवरी	31	JULY	जुलाई	31
FEBRUARY*	फरवरी	28/29	AUGUST	अगस्त	31
MARCH	मार्च	31	SEPTEMBER	सितम्बर	30
APRIL	अप्रैल	30	OCTOBER	अक्टूबर	31
MAY	मई	31	NOVEMBER	नवम्बर	30
JUNE	जून	30	DECEMBER	दिसम्बर	31

*LEAP YEAR

SEASONS ऋतुएँ

SPRING-बसंत SUMMER-गर्मी MONSOON-बरसात AUTUMN-पतझड़ WINTER-सर्दी

43

ENGLISH RHYMES/अंग्रेज़ी बालगीत

Twinkle Twinkle Little Star

Twinkle twinkle little star

How I wonder what you are.

Up above the world so high,

Like a diamond in the sky.

Humpty Dumpty

Humpty Dumpty sat on a wall

Humpty Dumpty had a great fall;

All the king's horses,

And all the king's men

Could not put Humpty Dumpty

together again.

Jack And Jill

Jack and Jill went up the hill,

To fetch a pail of water;

Jack fell down,

And broke his crown,

And Jill came tumbling after.

Hickory, Dickory, Dock!

Hickory, dickory, dock!

The mouse ran up the clock

The clock struck one,

The mouse ran down,

Hickory, dickory, dock!

मछली

मछली जल की रानी है,
जीवन उसका पानी है।
हाथ लगाओ डर जाएगी,
बाहर निकालो मर जाएगी।

चंदा मामा गोल मटोल,

चंदा मामा गोल मटोल,
कुछ तो बोल, कुछ तो बोल।
कल थे आधे आज हो गोल,
खोल भी दो अब अपनी पोल।
रात होते ही तुम आ जाते,
संग-संग सितारे लाते।
और दिन में कहां छिप जाते हो?
कुछ तो बोल, कुछ तो बोल।

पानी

पानी बरसा छम–छम–छम,
छाता लेकर निकले हम।
पैर फिसल गया, गिर गए हम,
नीचे छाता, ऊपर हम।

एक कौआ प्यासा था

एक कौवा प्यासा था,
जग में पानी थोड़ा था।
कौवे ने डाले कंकर,
पानी आया ऊपर।
कौवे ने पिया पानी,
खत्म हुई कहानी।

MULTIPLICATION TABLES/पहाड़े

Table of 1

1	x	1	=	1
1	x	2	=	2
1	x	3	=	3
1	x	4	=	4
1	x	5	=	5
1	x	6	=	6
1	x	7	=	7
1	x	8	=	8
1	x	9	=	9
1	x	10	=	10

Table of 2

2	x	1	=	2
2	x	2	=	4
2	x	3	=	6
2	x	4	=	8
2	x	5	=	10
2	x	6	=	12
2	x	7	=	14
2	x	8	=	16
2	x	9	=	18
2	x	10	=	20

Table of 3

3	x	1	=	3
3	x	2	=	6
3	x	3	=	9
3	x	4	=	12
3	x	5	=	15
3	x	6	=	18
3	x	7	=	21
3	x	8	=	24
3	x	9	=	27
3	x	10	=	30

Table of 4

4	x	1	=	4
4	x	2	=	8
4	x	3	=	12
4	x	4	=	16
4	x	5	=	20
4	x	6	=	24
4	x	7	=	28
4	x	8	=	32
4	x	9	=	36
4	x	10	=	40

Table of 5

5	x	1	=	5
5	x	2	=	10
5	x	3	=	15
5	x	4	=	20
5	x	5	=	25
5	x	6	=	30
5	x	7	=	35
5	x	8	=	40
5	x	9	=	45
5	x	10	=	50

Table of 6

6	x	1	=	6
6	x	2	=	12
6	x	3	=	18
6	x	4	=	24
6	x	5	=	30
6	x	6	=	36
6	x	7	=	42
6	x	8	=	48
6	x	9	=	54
6	x	10	=	60

Table of 7

7	x	1	=	7
7	x	2	=	14
7	x	3	=	21
7	x	4	=	28
7	x	5	=	35
7	x	6	=	42
7	x	7	=	49
7	x	8	=	56
7	x	9	=	63
7	x	10	=	70

Table of 8

8	x	1	=	8
8	x	2	=	16
8	x	3	=	24
8	x	4	=	32
8	x	5	=	40
8	x	6	=	48
8	x	7	=	56
8	x	8	=	64
8	x	9	=	72
8	x	10	=	80

Table of 9

9	x	1	=	9
9	x	2	=	18
9	x	3	=	27
9	x	4	=	36
9	x	5	=	45
9	x	6	=	54
9	x	7	=	63
9	x	8	=	72
9	x	9	=	81
9	x	10	=	90

Table of 10

10	x	1	=	10
10	x	2	=	20
10	x	3	=	30
10	x	4	=	40
10	x	5	=	50
10	x	6	=	60
10	x	7	=	70
10	x	8	=	80
10	x	9	=	90
10	x	10	=	100